जीवन की अनुभूति

राहुल रास

क्रम-सूची

भूमिका

स्नातक पूर्ण करते ही मैं 2016 में सपनो की नगरी मुंबई पहुँच गया। मेरे वास्तविक संघर्ष की शुरुआत मुंबई से ही हुई। सही-गलत, मानवता-अमानवता , मैंने सब वहीं देखा और समझा। फिल्म जगत से जुड़े रहने के कारण अलग-अलग जगहों पर जाने के अवसर प्राप्त होते रहें और उन सभी जगहों ने अपने अनोखे अंदाज़ में मुझे कुछ न कुछ सिखाया है। इन्ही सब जीवन के संघर्षों को मैंने कुछ पन्नों पर कविता और ग़ज़ल के रूप में उतारने का प्रयत्न किया है। आशा करता हूँ कि आप पाठक जनो को मेरी रचनाएँ प्रभावित कर सकेंगी।

धन्यवाद।

अवलोकित

1. कौन ?

अगर बेवफा हैं सब , तो कौन वफादार है,
इस मतलबी दुनिया में कौन ईमानदार है।

क्यों ढूंढते हो मोम से हृदय को तुम भला,
यहाँ क्रोध से भरे हैं सब, कौन है जो उदार है।

पहने नक़ाब चेहरे पर करते हैं यारियाँ,
खाली हैं सबके दिल, यहाँ कौन दिलदार है।

उस वक़्त ही हैं साथ ये, जब जेब रहती है भरी,
मतलब की यारियाँ हैं, यहाँ कौन असली यार है।

क्यों लोभ और लालच भरा है खूब कूटकर,
यह हो गया है क्या, इसका कौन जिम्मेदार है।

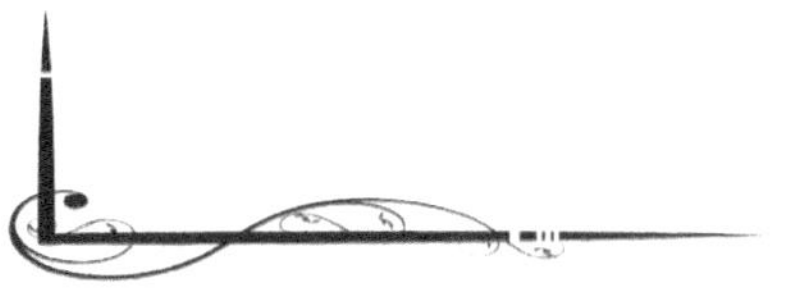

टहनियाँ हैं कटी हर पेड़ की अब तो यहाँ,
कैसे बतायें हम भला, कि कौन छायादार है।

• ४ •

हर कोई ज्ञानी यहाँ , हर कोई होशियार है,
सभ्य और शातिर यहाँ, सिर्फ ही दो-चार हैं।

उँगलियाँ ताने हुए हैं हर किसी इंसा तरफ,
इनकी नज़रों में यहाँ तो हर कोई बेकार है।

2. सत्य

जो तैरता ऊपर, है वो उतना ही पानी में,
न खुश है यहाँ कोई, है दुःख सबकी कहानी में।

अगर जीना ही है यारो, तो ज़रा शान से जी लो,
वरना क्या ही रक्खा है भला बोझिल जवानी में।

कड़वे शब्दों के प्रहार से करते हो क्यों घायल,
आखिर क्या बुरा है, किसी मीठी जबानी में।

जो मिन्नतों से जी रहा है उसे छेड़ते हो तुम,
कौन सा शुकून मिलता है, इस छेड़खानी में।

ईमान से जीने में, क्यों तकलीफ होती है,
आखिर क्या तुम्हें मिलता है, इस बेईमानी में।

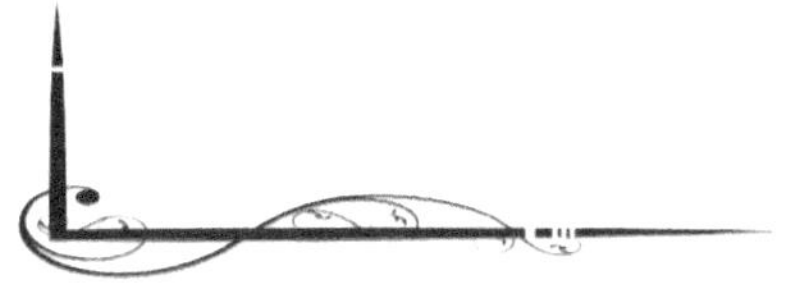

3. ज़िन्दगी

क्या खो गया है जिसकी ख़ातिर रो रहे हो तुम,
यूँ बेफिज़ूल आँखों को, क्यों भिगो रहे हो तुम ।

संघर्ष का ही नाम है ये ज़िन्दगी अगर,
फिर ज़िन्दगी से क्यों हताश हो रहे हो तुम ।

गर उतरे हो समंदर में तो ज़रा हिम्मती बनो,
ये नाज़ुक लहरों से क्यों भयभीत हो रहे हो तुम।

लहरें तो आती हैं तुम्हे आगे बढ़ाने के लिए,
ये खुद ही हो, जो खुद को डुबो रहे हो तुम।

बेशक़ जीतने ही आये हो इस दुनिया में ना,
तो फिर हार के बीज क्यों बो रहे हो तुम।

ये ज़िन्दगी की भीड़ तो मेले के जैसी है,
पर इस भीड़ के रेले में क्यों खो रहे हो तुम।

खुद में देखो इक अलग पहचान हो तुम,
तो खुद से ही क्यों अनजान हो रहे हो तुम।

गर ज़िन्दगी में तुमको नया सवेरा करना है,
तो फिर अभी तक क्यों भला सो रहे हो तुम।

4. नक़ाब

पल भर में लोग अहबाब बदलते हैं,
पल में ही हर ख़्वाब बदलते हैं।

एक चेहरा तो पहचाना जाता न हम से,
और लोग हैं कि हर पल ही नक़ाब बदलते हैं।

कौन करे रोशन अंधियारों को,
यहाँ रोज-रोज मेहताब बदलते हैं।

सीख तो ले हम भी हुनर जीने का,
पर यहाँ रोज-रोज कसाब बदलते हैं।

एक अर्थ जानकर क्या ही फायदा,
यहाँ ज़िन्दगी के अर्थ बेहिसाब बदलते हैं।

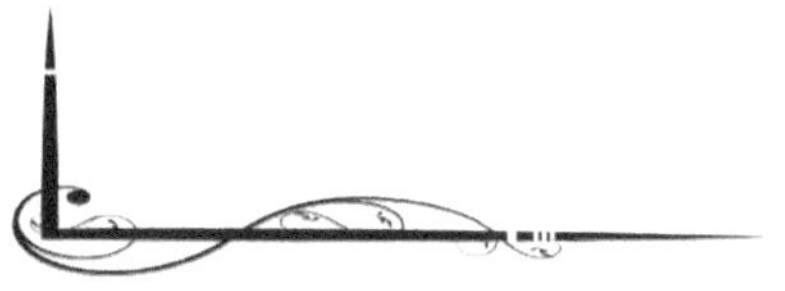

5. असलियत

जेबें भरे हैं सब फिर भी हाथ इनके खाली हैं,
माँगते ही हैं हरदम, ये कैसे अज़ब भिखारी हैं।

आसमाँ पर थूकना, क्यों पसंद है इन्हे,
न जाने ऐसी आदत इनमे कितनी सारी हैं।

आसाँ नहीं है जंग यह, बड़ी कष्टकारी है,
दयावान कोई न यहाँ, सबके हाथ में कटारी है।

मैं आ गया इस जंग के बीच में कहाँ,
यहाँ हर कोई शिकार है, हर कोई शिकारी है।

लड़ना तो सीख जाते हम भी बहुत पहले,
पर कैसे लड़ें, इन कंधो पर बहुत ज़िम्मेदारी है।

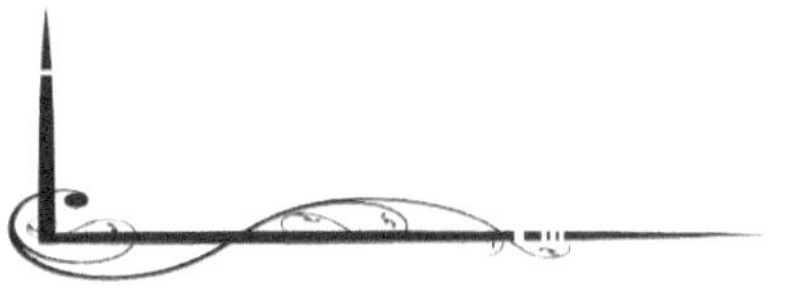

मुसीबतों से भागते हो, क्या भाग पाओगे ?
मुसीबतें तो यहाँ बहुत ढेर सारी हैं।
कछुए की तरह चल रहा हूँ तो क्या हुआ,
विश्वास है कि अब जीतने की मेरी बारी है।

6. सही-गलत

कौन सही है कौन गलत,
इस बात का बहुत बवाला है।

चेहरे साफ़ किये बैठे,
पर मन तो सबका काला है।

हंगामा वह ही करता है,
जो जितना भोला हाला है।

शांत हमेशा बैठे जो,
उसके अंदर ज्वाला है।

डरपोक समझते जिसको सब,
वह सबसे हिम्मत वाला है।

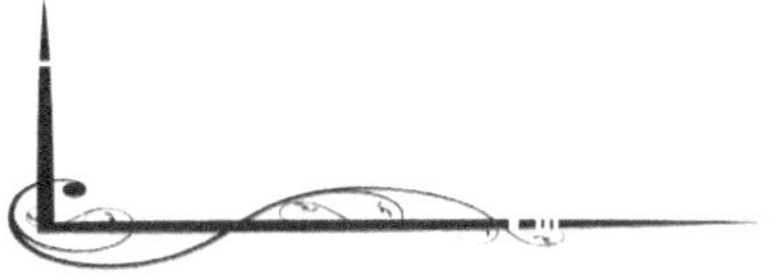

खूब दहाड़े हरदम जो,
वह पहले डरने वाला है।
विष का प्याला समझे जिसको ,
वह मनमोहक मधुशाला है।

7. मृतक मनुष्य

आँखों में पानी भरे हुए,
थोड़े ज़िंदा हैं थोड़े मरे हुए।

बाहर से कितना चिंघाड़े,
भीतर से हैं सब डरे हुए।

बेबस और बेजान से दिखते,
मुर्दे की तरह पड़े हुए।

आधे ज़मीं से बाहर हैं ये,
आधे ज़मीं में गड़े हुए।

मन तो पहले से सड़ा हुआ था,
अब दिल भी इनके सड़े हुए।

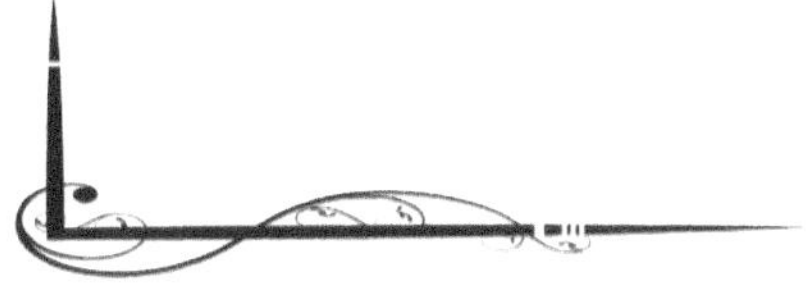

लाशों सी बेज़ान भीड़ में,
लाश बने हम खड़े हुए।

• 14 •

जीवन तो कब का खत्म हो गया,
अब जीने को क्यों हैं अड़े हुए।

प्रेरक

8. ऐ मुसाफिर

सिर पे इक चन्दा सजाये,
मस्तिष्क पे भूति लगाए।
युद्ध को अब हूँ मैं तत्पर,
रख कदम अब तू भी नभ पर।
यह समझ मंजिल है आखिर,
चल चला चल ऐ मुसाफिर।

है सूर्य का कवंच लिए,
जलते हैं आँख में दिए।

तान सीना, चल दे तू,
अब खुद ही खुद का रब है तू।
यह समझ मंजिल है आखिर,
चल चला चल ऐ मुसाफिर।

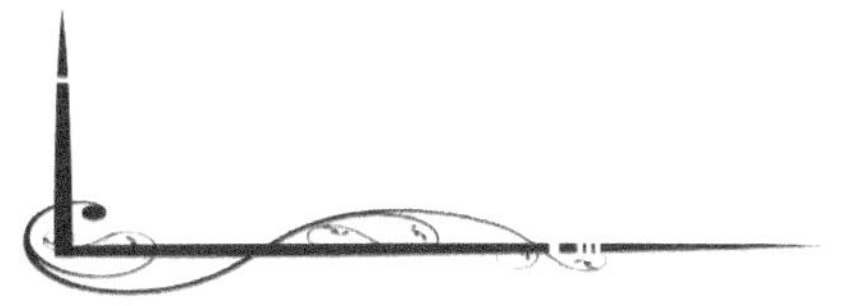

कंधे तेरे मजबूत हैं,
तू सिंह जैसा पूत है।
हिम्मत तो कर अब बढ़ के तू,
सब जीत लेगा लड़ के तू।
यह समझ मंजिल है आखिर,
चल चला चल ऐ मुसाफिर।

9. अकेला हूँ

खूं बह रहा है आँख से,
इन आँसुओ को झेला हूँ।

कमजोर न समझो मुझे,
बस आज मैं अकेला हूँ।

किस्मत जिसे ढकेलती,
उन पहियों वाला ठेला हूँ।

जिसे ठोकरे ही लग रहीं,
मैं वह लुढ़कता ढेला हूँ।

कमजोर न समझो मुझे,
बस आज मैं अकेला हूँ।

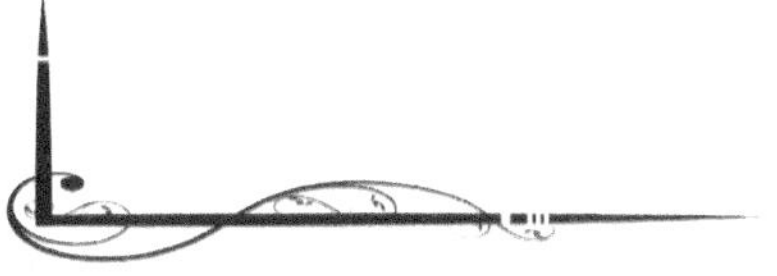

जिस खेल में सिर्फ छल ही हो,
वह खेल मैं न खेला हूँ।

दिया ज्ञान जिसने पार्थ को,
उस कृष्ण का मैं चेला हूँ।

कमजोर न समझो मुझे,
बस आज मैं अकेला हूँ।

10. मेरी पहचान

कौन है तू, क्या है तेरी पहचान,
वक़्त है अब खुद को ले तू जान।
ज्ञात यह सिर्फ उसको है,
जिसने बनाया तुझको है।

तू इक अलग पहचान है,
तू खुद से क्यों अनजान है।
जिसने बनाई धरती यह,
तुझमे उसी के प्रान है।

तू वीर इक महान है,
तू ज्ञानियों का ज्ञान है।
जो सबसे तीक्ष्ण तेज है,
तू उस खड्ग की म्यान है।

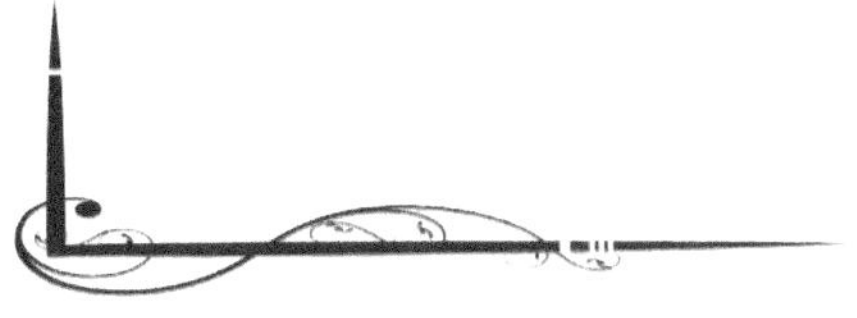

तू चाप् की टंकार है,
तू खुद में इक अंगार है।
जो काट दे हर उस्म को,
तू उस नदी की धार है।

तू सिंह की दहाड़ है,
तू इक अटल पहाड़ है।
कांपे जिससे धरती यह,
उस हस्ती की चिंघाड़ है।

11. सफ़र

कंधे पे बोझ भारी है,
मस्तक पे जिम्मेदारी है।
लड़खड़ाते हैं कदम, पर
सफ़र अभी भी ज़ारी है।

छाँव हो या धूप कड़ी,
सिर पे न कोई साफा है।
कितनी दूर चल आया हूँ,
यह अब तक ना हमने नापा है।
रस्ता यह कितना लंबा है,
दूरी न हमने आंकी है।
चलना ही तो मकशद है,
क्योंकि लक्ष्य अभी भी बाकी है।

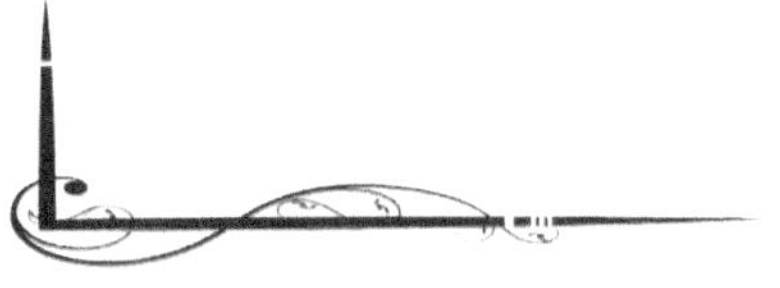

12. सड़क

यह कौन सी सड़क है जिस पर चल रहे हैं हम,
कभी संभल रहे तो कभी फिसल रहें हैं हम ।
हर राह पर काटें ही बिखरे हुए यहाँ,
फिर भी हम मजबूत होकर रख रहे कदम।

सूनसान सी राहें हैं ये,या सूनसान से हैं हम,
न ही कोई साथी है न ही कोई हमदम।
हिम्मत फिसलती हाथ से अब रेत की तरह,
फिर भी हम मजबूत होकर रख रहे कदम।

आँखें मूंदे लक्ष्य की ओर चल रहें हैं हम,
क्या मिले, क्या न मिले, यह तय करें करम।
ओझल सा होने लगा गंतव्य अब अपना,
फिर भी हम मजबूत होकर रख रहे कदम।

13. तक़दीर

अजीब किस्मत है मेरे हाथों की इन लकीरों में,
फिर भी न जाने क्यों इन्हे हर रोज़ चूमते हैं।

वो चाँद अब क्या ही करेगा रास्ते रौशन मेरे,
हम तो हमेशा आँखों में चिराग लेकर घूमते हैं।

यह जो हवा आँधी की तरह लगने लगती है तुम्हें,
हम रोज़ इस तरह की आँधी में ख़ुशी से झूमते हैं।

भयभीत क्या करेगी यह ज़िन्दगी बुजदिल हमें,
हम ज़िन्दगी के रास्तों पर सिंह जैसे घूमते है।

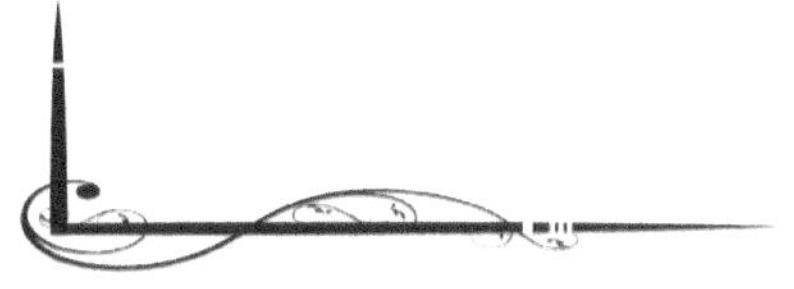

14. तुम ही मेरे खेवैया

नाव उतारी दरिया में,
अब तुम ही इसको तारोगे।
यदि लहरों ने शोर मचाया,
तब तुम ही उनको मारोगे।

एकल दरिया पार न होगी,
तुम साथ में पार करोगे।
गर टूट गयी पतवार मेरी,
तब तुम ही पतवार बनोगे।

मैं तो अदना सा नाविक हूँ,
तुम ही हो मेरे खेवैया,
दूर लगे है तट मुझको,
मेरी पार लगाओ नैया।

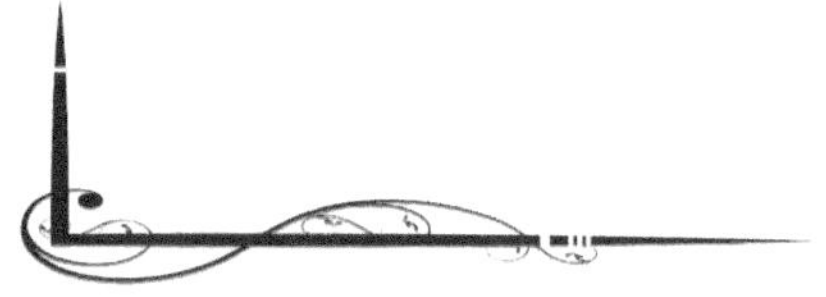

15. इक शेर था राहुल

क्यों न करें इस ज़िंदगी से हम नफरते-दुश्मनी,
जिसने न जाने किस तरफ हमे मोड़ दिया।
कभी रुलाया, कभी हंसाया, तो कभी
पलकों पे सजे सपनो को झगझोड़ दिया।

बसाया था खुशियों के महल को हृदय में,
जिसको दुखों की आग ने जला दिया।
पर बच गयी थी ख़ाक जो हृदय में,
उस पर भी ज़िन्दगी ने तूफाँ चला दिया।

अब याद कर उन खुशियों के पलों को,
कभी हँस रहा हूँ, तो कभी मैं रो रहा हूँ।
यदि ग़म मैं सह रहा हूँ तो क्या हुआ,
खुशियों के बीज अब भी मन में बो रहा हूँ।

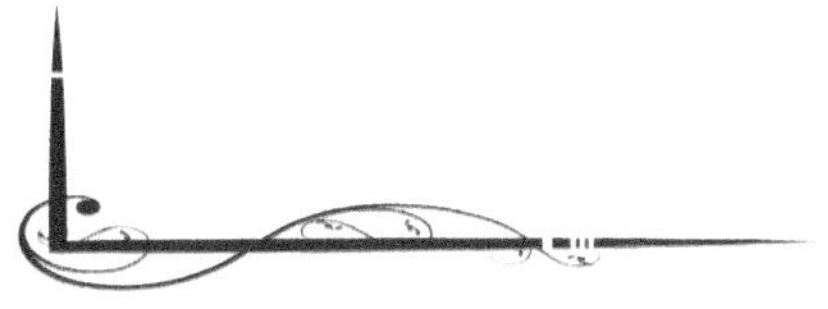

हारना सीखा नही है हमने कभी,
हर मुसीबत के सामने डट कर खड़ा हूँ।
जीत लूँगा ऐ ज़िन्दगी तुझको इक दिन,
इस ज़िद पर मैं आज भी अड़ा हूँ।

इस ज़िन्दगी से लड़ते यूँही,
यदि मैं कभी जो मर गया।
तो यह समझ लेना ऐ नफरत-ऐ- ज़िन्दगी,
कि इक शेर था राहुल जो शेर-ऐ ज़िन्दगी से डर गया।

जीवन

16. है कैसी ये मधुशाला !

हरियाली थी जिस उपवन में,
उसको बंज़र कर डाला।
बनकर बहती थी जो पियूष,
उस तटिनी में माहुर डाला।
है कैसी ये मधुशाला !

रंग-बिरंगी थी जो दुनिया,
अब रंग हो गया उसका काला।
शून्य हो गया सारा अम्बर,
लगा ली जब होठों से हाला।
है कैसी ये मधुशाला !

करती थी जो प्रेम मुझे,
बनकर मधु का प्याला।
छुड़ा लिया उस माँ से दामन,
जिसने था मुझको पाला।
है कैसी ये मधुशाला !

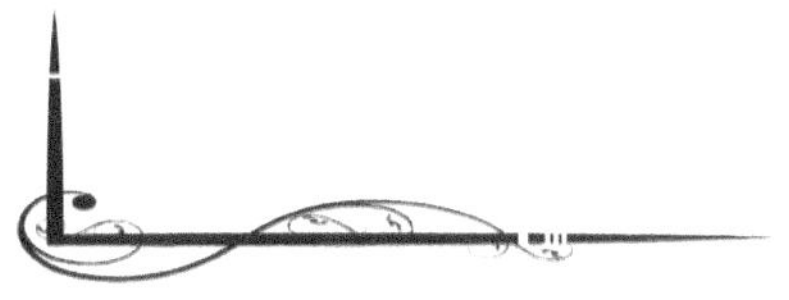

• 32 •

बदल गया था सारा मधुबन,
लगी थी जब होठों से हाला।
दयामयी था जिसका चितवन,
उसमे भी भड़का दी ज्वाला।
है कैसी ये मधुशाला !

17. " जिंदगी " - इक साथ

ये जिंदगी इक साथ है,
हर किसी को निभाना होता है।
ये जरूरी नही हो खुशियाँ हरदम,
इसमें दुःख का भी आना होता है।

जब दौड़ रही हो दुनिया,
तो दौड़ लगाना होता है।
तकलीफ भरी हो मन में,
पर हरदम मुस्काना होता है।

इसमें प्रेम भी हो जाता है गर,
तो प्रेम निभाना होता है।
यदि आ जाता है गैर कोई,
तो उसको भी अपनाना होता है।

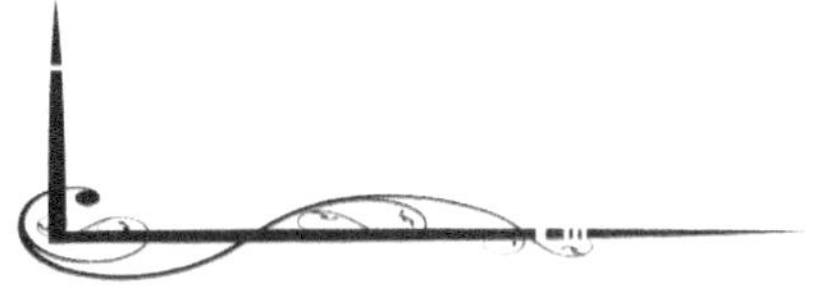

भले ही समझो न खुद खुदको,
पर दूजों को समझाना होता है।
लोग कहते हैं की वे हैं ज़िन्दा,
पर यह एक बहाना होता है।

कहीं बाहर न आ जाएँ आसूँ,
इनको आखों में ही छुपाना होता है।
गर कहीं न मिल पाए अमृत,
तो विष भी पी जाना होता है।

ऐसा क्या लाये धरती पर,
जिसको ले जाना होता है।
जो बाकी है जी लो उसको,
आख़िर मर कर जाना होता है।

18. अस्तित्व - एक पहेली

मैं नही पहचानता हूँ,
मैं नही यह जानता हूँ।
क्यों मैं इस दुनिया में आया,
क्यों मुझे इंसा बनाया।

डर के मारे हूँ मैं ऐंठा,
शान्ति की अर्थी पे बैठा।
पूँछता हूँ कौन हूँ मैं,
इस तरह क्यों मौन हूँ मैं।

कह नही सकता हूँ मैं कुछ,
सह नही सकता हूँ मैं कुछ।
बोलना चाहता हूँ जब मैं,
हार कर आता हूँ तब मैं।

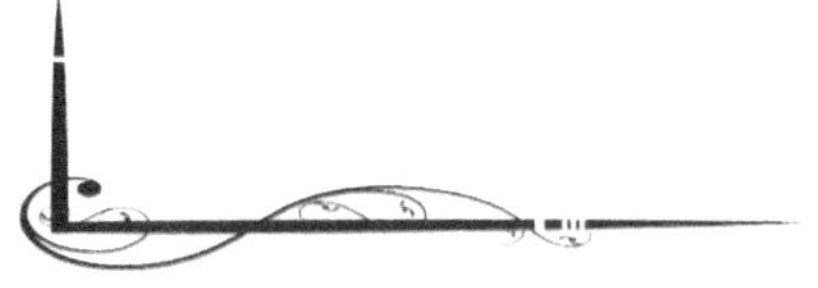

देख ले मुझको यूँ रोता,
दर्द भरी नींद सोता।
स्वप्न में जब तू है आता,
लहु भरे आँसू रुलाता।

कभी-कभी यह सोचता हूँ,
आँसुओं को पोंछता हूँ।
यदि मुझे तूने बनाया,
क्यों नही तब यह बताया।

दुनिया में इंसा नही है,
जीतने वाला सही है।
दिखता जो बाहर से अच्छा,
मन नही है उसका सच्चा।

ढोंग की चादर को ओढ़े,
सच के पैरों को मरोड़े।
जीतता ही जा रहा है,
मंजिलों को पा रहा है।

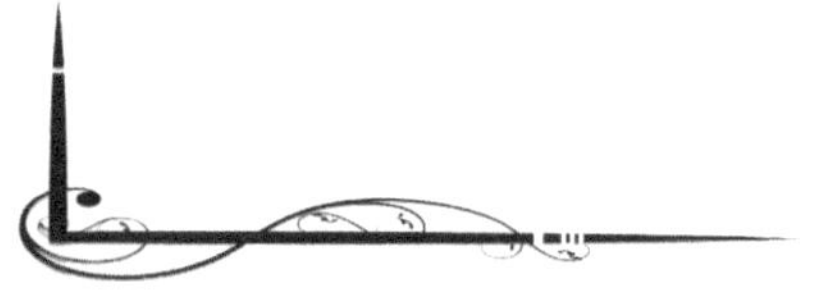

बे-फ़िज़ूल जीना यहाँ है,
झूठ को पीना यहाँ है।
सच कभी जो बोलता है,
फिर न मुंह को खोलता है।

देख कर दुनिया की हालत,
कर रहा तुझसे वकालत।
चाहे कर दे में खण्ड,
या तू दे दे मृत्यु दण्ड।

अब इस तरह जीना नही है,
अन्याय को पीना नही है।

19. यह समय है !

आज जो है तुम्हारा,
जो कुछ भी, वह सब सारा,
कल किसी और का हो जायेगा।
कोई और उसको पायेगा,

क्या इस बात का कोई भय है ?
अरे ! यह ही तो समय है।

आज जिसके संघ बतियाते हो,
जिसका हरदम साथ निभाते हो,
कल किसी और का हो जायेगा।
किसी और का साथ निभाएगा
क्या इस बात का कोई भय है ?
अरे ! यह ही तो समय है।

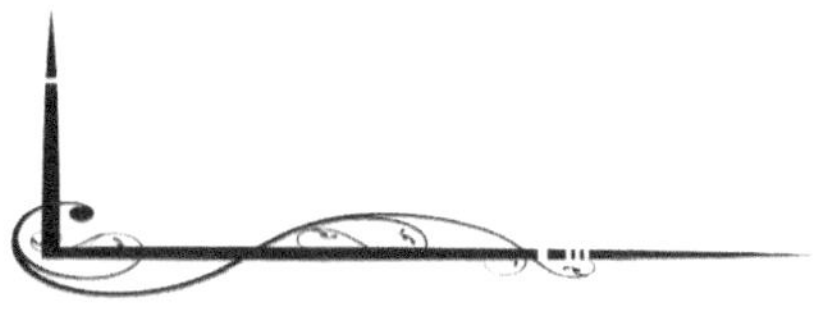

आज जिसका साया सर पे है,
जो आज तुम्हारे घर पे है,
कल किसी और दुनिया का हो जायेगा,
किसी और के घर में जायेगा।
क्या इस बात का कोई भय है ?
अरे ! यह ही तो समय है।

20. जीवन मोती

ठहरी सी है समय नदी,
या नील समंदर ठहरा है।
कैसे ढूँढू जीवन मोती,
यह राज़ बहुत होई गहरा है।

मोती ही है यह जीवन,
या है यह कोई कंकर।
बीच राह में थमा हुआ हूँ।
पत्थर जैसा बनकर।

ढूंढ रहा हूँ पता वहाँ का,
जहाँ बरसों पहले जाना था।
आँखों में आँसू भर के,
हर इक का साथ निभाना था।

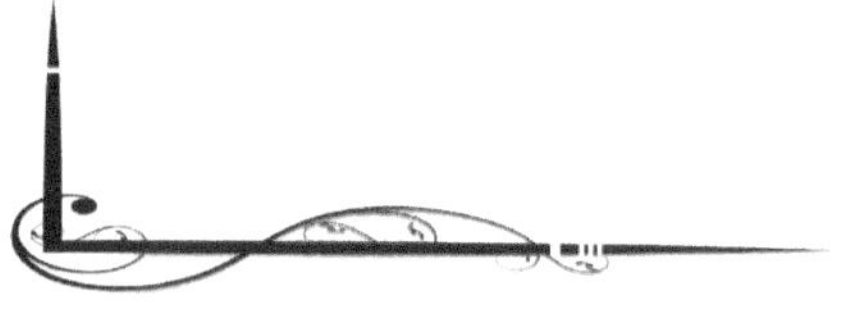

अब कैसा पथिक कहूँ खुद को,
खुद की राह मिटाता जाता हूँ।
मैं शांत भले ही दिखता हूँ,
पर मन ही मन चिल्लाता हूँ।

21. वो समय कहाँ गया ?

कहाँ गए वो खेल-खिलौने,
कहाँ गए गुदड़ी के बिछौने।
कहाँ गयी माटी की सिगड़ी,
कहाँ गयी वह सूखी लकड़ी।

कहाँ गयी वह मंद पवन,
कहाँ गए वो प्यारे उपवन।
कहाँ गया पानी का कुआँ,
कहाँ गया वह मालपुआ।

कहाँ गया वह सैर-सपाटा,
कहाँ गया सत्तू का आटा।
कहाँ गयी वह डंडा-गिल्ली,
कहाँ गयी वह बरफ़ की सिल्ली।

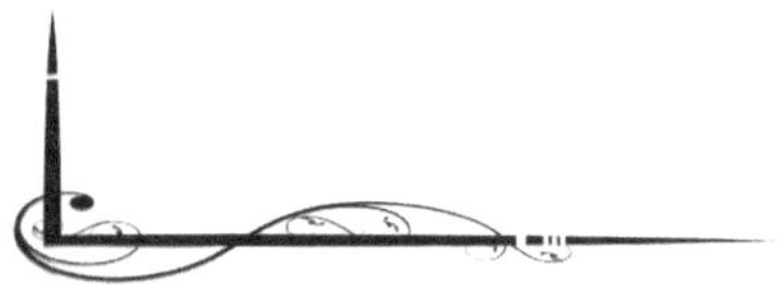

कहाँ गयी गाँव की चौपार,
कहाँ गयी वह वि॰सी॰आर।
कहाँ गयी वह बूढी लाठी,
कहाँ गए वो भोले सहपाठी।

कहाँ गयी वह टूटी खटिया,
कहाँ गयी वह सिल की बटिया।
कहाँ गयी वह नटखट टोली,
कहाँ गयी वह आँख मिचौली।

कहाँ गयी वह प्यारी गईया,
कहाँ गयी कागज की नईया।
कहाँ गया मीठा तालाब,
कहाँ गयी वह मीठी राब।

कहाँ गए वो गुड़ के ढेले,
कहाँ गए बगिया के मेले।
आख़िर क्यों परिवर्तन होता भईया,
क्यों चलता यह समय का पहिया।

आवाज़

22. युवाओं तुमसे विनती है

युवाओं तुमसे विनती है,
यह धर्म का संकट मत पालो।
हिन्दू मुस्लिम का यह चक्कर,
इक दूजे पर मत डालो।

मत बटने दो समाज को तुम,
यह समाज ही देश की मूरत है।
जागो-जागो जल्दी जागो,
इस देश को तुम्हारी जरूरत है।

क्यों खून पसीना बहा रहे हो,
मूर्ख और बेकारों पर।
क्यों चिल्लाते हो चीख-चीख कर,
दो कौड़ी के नारों पर।

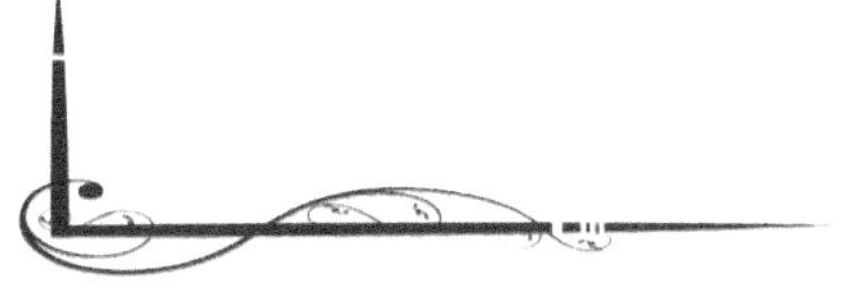

तीव्र तीक्ष्ण है सबमे जो,
ऐसे तुम औजार हो।
जो बाँट रहें हैं देश की जनता,
उनके प्रिय हथियार हो।

मत बट जाना खुद में ही तुम,
क्योंकि ऐसे अवसर उनको भातें हैं।
जो कर रहें है देश का नेतृत्व,
वे कब्जा तुम पर चाहते हैं।

वे नेता सब झूठे जिनकी,
काले करतूतों की सूरत है।
जागो-जागो जल्दी जागो,
इस देश को तुम्हारी जरूरत है।

23. सरकारी कुत्ते

कहता हूँ बस उनको ही,
जो हैं भ्रष्टाचारी।
खाते हैं सरकार की रोटी,
क्योंकि कुत्ते हैं ये सरकारी।

सबकी गिनती नहीं करूँगा,
क्योंकि इनमे कुछ ईमानदार हैं।
वे वफादार हैं देश की खातिर,
क्योंकि देश ही उनका परिवार है।

अब बारी है उन लोगों की,
जो कुर्सी पर ही शेर हैं।
शांत है यह जनता भी अब तक,
बस खून खौलने की देर है।

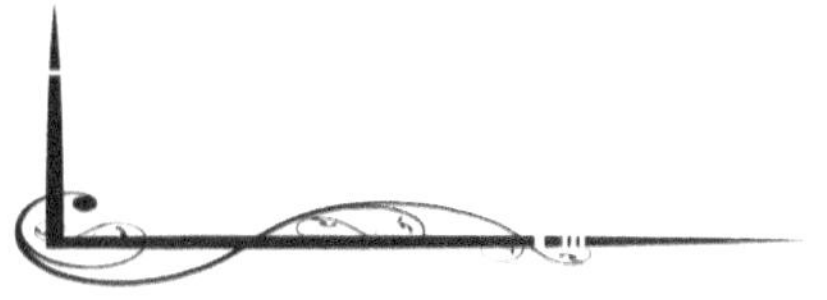

दया मदद की याचना,
करना इनसे इक पाप है।
राक्षस वर्ग के नहीं हैं ये,
पर राक्षस के भी बाप हैं।

हर कोई सच को जानता है,
पर कहने की हिम्मत चाहिए।
आँधी-तूँफा जैसा है सच,
यदि रोक सकें तो आईये।

24. कमजोर हैं वो !

कमजोर हैं वो !
जो खुद की ताकत,
दूसरों पर आजमातें हैं ।

कमजोर हैं वो,
जो गरीबों को सताते हैं ।
जो देख तमाशा और अत्याचार,
हरदम चुप रह जातें हैं ।

कमजोर हैं वो !
जो थोड़ी सी मदद करके,
दुसरे पर उपकार जताते हैं ।
जो भरे हुए हैं अहंकार से,
और दूसरों को आँख दिखाते हैं ।

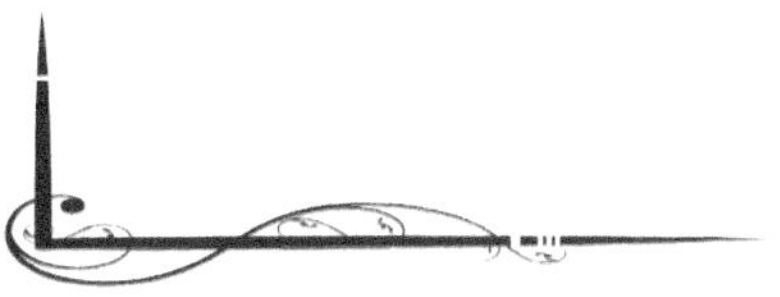

कम␣जोर हैं वो !
जो उगते हुए सूरज के सम्मुख,
नतमस्तक हो जाते हैं ।
और जब वह हो जाता है अस्त,
तब उसको ही गलियाते हैं ।

कमजोर हैं वो !
जो झूठ का हरदम साथ निभायें,
और फिर शर्म से अपनी आँख झुकाये ।
पापी, चोर हैं वो,
हाँ कमजोर हैं वो ।

25. इक महिला

क्यों इक महिला को महिला की
खुशहाली न भाए।
क्यों इक महिला ही महिला से,
खीजे और सताए।

यह कैसी अजब पहेली है,
आखिर ऐसी क्या मजबूरी है।
क्यों महिला से महिला में,
इतनी ज्यादा दूरी है।

लोभ स्वार्थ और पैसे खातिर,
क्यों धर्म ये खुद का भूलें हैं।
क्यों महिला ही महिला को,
यूं बात-बात पर तोले है।

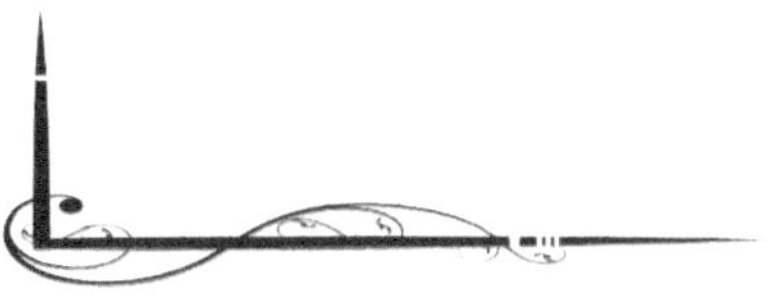

गर बेटी तुमको प्यारी है,
तो बहु से क्यों दुश्वारी है।
गर बेटी घर की रानी है,
तो बहु भला क्या नौकरानी है।

साधारण न समझो इनको,
ये खुद में बड़ी महान हैं।
इक बेटी से महिला होना,
क्या इतना भी आसान है।

घर-द्वार छोड़ती हर महिला,
अनजाने घर में देती फूल खिला।
तकलीफें हो या हो कठिनाई,
कभी न करती कोई गिला।

तिनके में ये खुश होती हैं,
बीज खुशहाली के बोती हैं।
गम भी कुछ होता है गर,
तो चुपके-चुपके रोती हैं ।

शक्ति इनमे अपार है,
ये प्रकृति का उपहार हैं।
गर न हो ये इस दुनिया में,
तो निर्बल यह संसार है।

26. मूर्ख प्राणी

बिके हुए हैं लोग यहां सब,
बिकी हुई सब आत्मा।
काहे के हैं पंडित ये सब,
काहे के धर्मात्मा।

न सीखा इन ने अब तक कुछ,
न लिया कभी कोई ज्ञान है।
थोड़ा-मोड़ा जो कुछ आता,
उसपर भी अभिमान है।

क्यों कहते इंसान ये खुदको,
क्यों कहते खुदको ज्ञानी।
देख दुर्दशा इन नंगों की (मूर्खों की),
आंखों में आता पानी।

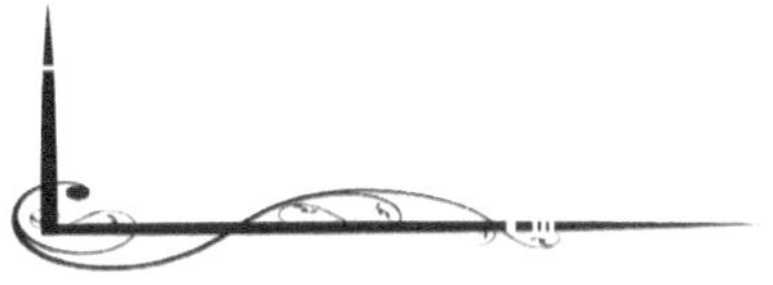

खाने के हैं दांत अलग,
और अलग हैं दांत दिखाने को।
गर चल जाए मर्जी इनकी,
ये रौंद ही डालेंगे जमाने को।

धड़-धड़ दौड़ रहें हैं ऐसे,
जैसे धरती अम्बर पाना है।
क्या मिल जायेगा दौड़-दौड़ के,
आखिर मर कर ही तो जाना है।

कोई कहता पंडित खुदको,
कोई कहता ठाकुर।
आपस में लड़-लड़ कर ये सब,
क्यों मरने को आतुर।

खूब भरा है लालच मन में,
खूब भरी है हिंसा ।
जब क्रोध भरा है रोम-रोम में,
तो काहे के है ये इंसा।

वक्त अभी है बदल लो खुद को,
इससे पहले हो जाए देर।
आज नही तो कल परिवर्तन,
करना होगा देर-सवेर।

27. दुनिया की रचना

यदि हर प्राणी तुमको प्यारा है,
तो कैसा यह बटवारा है।
कोई गोरा कोई काला,
यह कैसा अजब-गजब रच डाला।

कुछ के पेट बने गुब्बारे,
कोई खाली पेट गगन निहारे।
कुछ की जेबें बहुत ही भारी,
कोई खाली हाथ,सो बना भिखारी।

कोई सुख ही सुख बस पाता है,
तो किसी का दुःख से गहरा नाता है।
कोई बूँद-बूँद को तरसा जाये,
तो कोई घर में ही नदियों को बहाये।

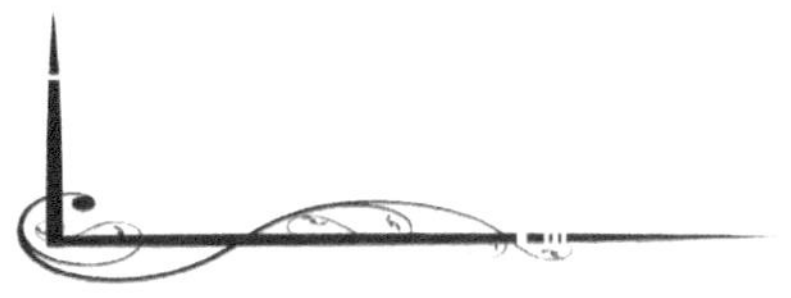

कोई अजनबियों पर प्राण लुटाये,
तो कोई अपनों की गर्दन कटवाये।
सब जपते पैसे की माला,
इस दुनिया को क्यों रच डाला।

28. नेता की कठपुतली

कठपुतली हाथ में जिनके है,
वे मनचाहा नाच नचाते हैं।
तुम शोर करो या शांत रहो,
पर ये हरदम धूम मचाते हैं।

ये बौनी बुद्धी वाले बन्दर,
इनको न शीशा दिखलाओ।
जो भी इनकी मन की है,
बस वह ही, जोर-जोर चिल्लाओ।

क्या खोया क्या पाया तुमने,
वह न इनको बतलाओ।
जो भी इनके मन की है,
बस साथ में मिलकर वह चिल्लाओ।

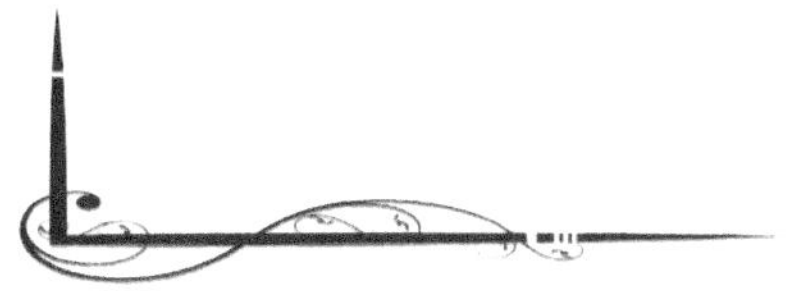

29. हिम्मत

अभी है मौका ज़रा आप भी डुबकी लगाईये,
इस प्यार के समंदर में इक बार तो नहाईये।
यूँ इस तरह बेजान बैठकर क्या ही फायदा,
अरे कभी तो इश्क़ का मज़ा उठाईये।

जितने से पेट भरे, बस उतना ही खाईये,
यूँ बेवजह और बेफिज़ूल पैसे न उड़ाईये।
अगर बहुत भरे हैं पैसे, जेबों में आपकी,
तो कभी तो ये पैसे औरो पर लुटाईये।

वाकिफ़ है ज़माना आपकी हरकतों से,
आप फिर भी खुद को अच्छा ही बताईये।
ये सब वही सुनेंगे, जो आप सुनायेंगे,
इसलिए इन्हें कुछ अच्छा ही सुनाईये।

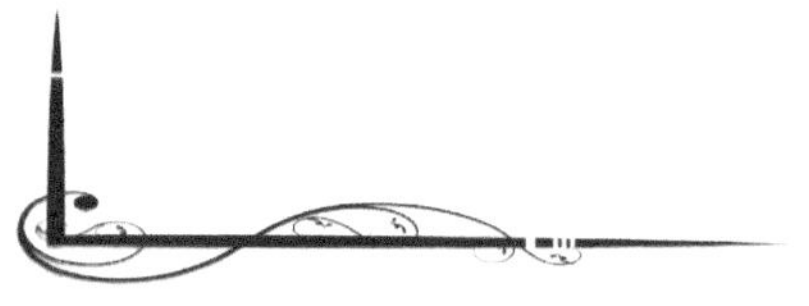

और आसान लग रही हैं ये राहें जिन्हे,
उन्हें एक बार इस राह पर तो लाईये।
और धमकियाँ दे रहें हैं जो दूर-दूर से,
उन्हें कहिये एक बार मैदान तो आईये।

जो आवाज़ें गूँजती है हर-गली मुहल्ले,
इन आवाज़ों को मत दबाईये।
गर हिम्मत है कुछ खुद में भी,
तो आप भी इक आवाज़ उठाईये।

समाज

30. छलावा

जो हरदम गाल बजाते हैं,
क्या बात करे उन नाकारों की।

चिंगारी से डर जाते हैं,
बातें करते अंगारों की।

झूठ और फरेब ही लिखते हैं सब यहाँ,
क्यों देखें भला हम खबरें अखबारों की।

हाथ फैलाये हैं हर वक़्त तेरे सामने,
कभी तो सुन ले दुआ उन तलबगारों की।

इरादे ही काफी हैं समंदर तैर जाने के लिए,
उस पर क्या ही तुम बैठो जरूरत हो जिसे पतवारों की।

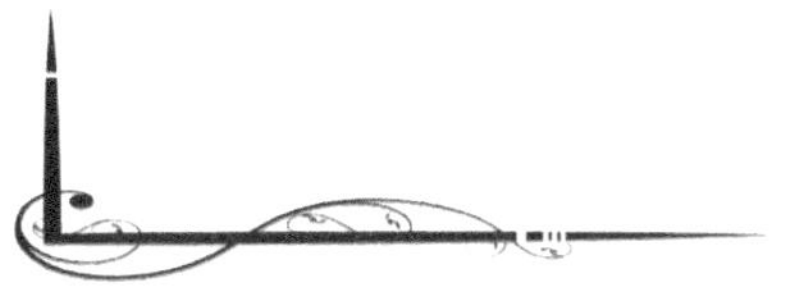

31. भेड़िये

भेड़िये के रूप में इंसान जीते हैं सभी,
कभी मांसाहारी तो शाकाहारी है कभी।
गर ज़रा सी भूख इनकी बढ़ जाये,
तो भेड़िया ही भेड़िये को नोच खाये।

खाली सबकी आंतें हैं,
बस बेफिज़ूल गुर्राते हैं।
जो दूजे के थाल में आता है,
वह भोजन इनको भाता है।

ना दोस्ती न ही कोई प्यार,
हर कोई तो इनका है शिकार।
जीवन इनका है बेहाल,
फिर भी हरदम रहते लाल।

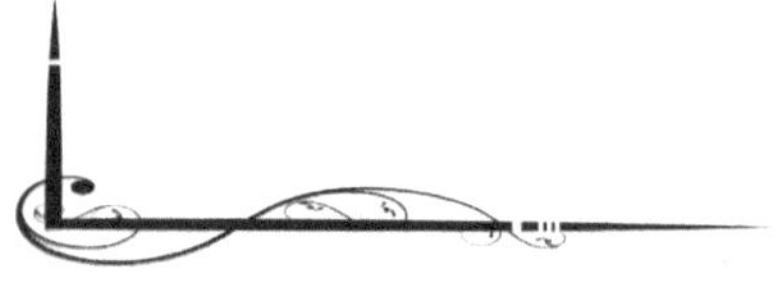

इश्क़नामा

32. नाराज़

वो नाराज़ हैं हम से, उन्हें मनायें कैसे,
क्या हो रहा है संग मेरे, उन्हें बतायें कैसे।

गलतियाँ तो कर रखी हैं हमने अनगिनत,
समझ नही आ रहा, कि उन्हें समझायें कैसे।

भरोसा ही तोड़ दिया हमने इस कदर,
अब उस भरोसे को वापस पाएं कैसे।

गर रास्ता हैं कोई तो आप खुद ही बतलादें,
हम आपके दिल तक वापस आएं कैसे।

धड़कन बनकर रहती हो हर वक़्त सीने में,
किसी और धड़कन हम बनायें कैसे।

चुम्बक की तरह हैं ये रिश्ता आपसे,
आप ही बताएं हम आपसे दूर जाएँ कैसे।

आग हैं सीने में जो सिर्फ आपकी ख़ातिर,
उस आग को सीने से हम बुझायें कैसे।

आपके ही प्रेम में डूबा हूँ इस कदर,
किसी और को इस प्रेम में डुबायें कैसे।

33. इश्क़-ए-बर्बादी

बुझते हुए दीपक को दिल में जलाये रक्खा है,
तुमने अभी भी उस कम्बख्त को मन में बसाये रक्खा है।
रो-रो कर आँसुओं को बहा रही हो जिसकी ख़ातिर,
उसने किसी और को सीने से लगाए रक्खा है।

मांगी नहीं दुआएँ हमने किसी और की ख़ातिर,
हर दुआ में सिर्फ तुमको ही मांग रक्खा है।
मानते थे ख़ुदा से भी बढ़कर तुम्हे हरदम,
पर तुमने किसी और को ही ख़ुदा मान रक्खा है।

गर मांगी दुआएँ तुमने किसी और की ख़ातिर,
वह भी भला आज कौन सा आबाद हो गए,
हमने लुटा दिया सब कुछ मेरा तुम पर,
पर क्या हुआ गर आज हम बर्बाद हो गए।

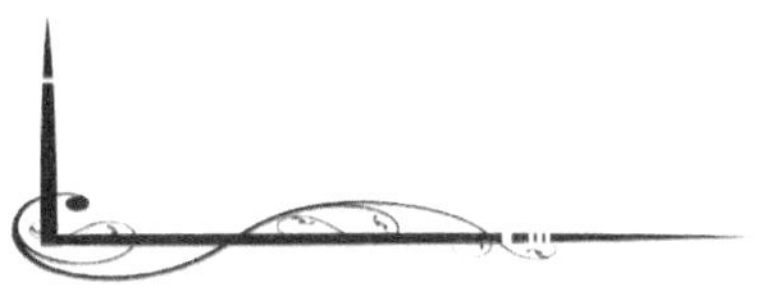

34. मेरा साक़ी

सब कुछ तो लुट गया मेरा,
तो अब क्या बाकी है।

अब तो आशिकी ही मयखाना,
और इश्क़ ही मेरा साक़ी है।

थमी हुई है समय नदी,
या थमा हुआ हूँ मैं,
यह कैसी मेरी तैराकी है।

फूल गिराए हर पथ पर,
फिर क्यों जीवन एकाकी है।

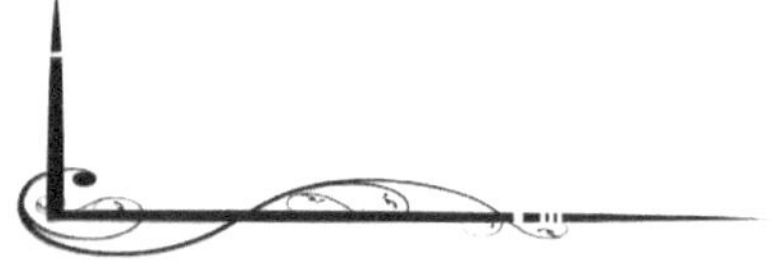

35. मेरी अहबाब

कुछ इस तरह हम तुम में खो गए,
कि तुम मेरे सब कुछ हो गए।
मुझे ये पता ही न था,
कि तुम सिर्फ एक ख्वाब थी,
पर तुम सबकुछ थी मेरी,
तुम्ही तो मेरी अहबाब थी।

जो कुछ भी साथ गुजरे,
उस हर एक पल का हिसाब थी।
अँधेरे में राह दिखाती थी,
तुम तो मेरी महताब थी।
जिसको सिर्फ मैं पढ़ सकता था,
तुम ऐसी अनोखी किताब थी।
भले ही खुद की कदर न करती थी,
पर मेरी लिए नायाब थी।

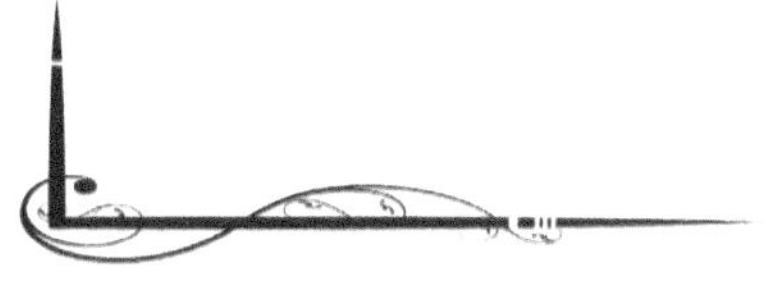

जब शांत थी तो स्थिर थी,
अशांति में सैलाब थी।
महक उठे जिससे सब उपवन,
वो मनमोहक गुलाब थी।
तुम जो भी थी जैसी भी थी,
पर तुम एकदम लाजवाब थी।

36. मेरे दर्द - तेरी यादें

न भूला हूँ कभी भी मैं तेरी गलियों के नज़राने,
अभी भी हूँ गुजरता जब तो आते याद अफ़साने।
गयी जब से बुझाकर प्रेम के दीपक को सीने से,
तभी से इश्क़ के गम को मिटाने जाता मयखाने।

कि क्या हैं दर्द ये मेरे तू कैसे जान पायेगी,
हूँ पल-पल आश ये करता तू मिलने आज आएगी।
ये जब तक तू समझ पाए कि तुझसे प्यार था कितना,
तो शायद मिलने मुझसे तू किसी शमशान जायेगी।

हूँ आशिक़ इश्क़ का तेरे न समझो मुझको आवारा,
अकेला मैं न दीवाना, दिवाना है शहर सारा।
मैं कैसे दर्द दिल का तुझको सारा हाल बतलाऊँ,
है रहती जिस जिगर में तू उस दिल ने मुझे मारा।

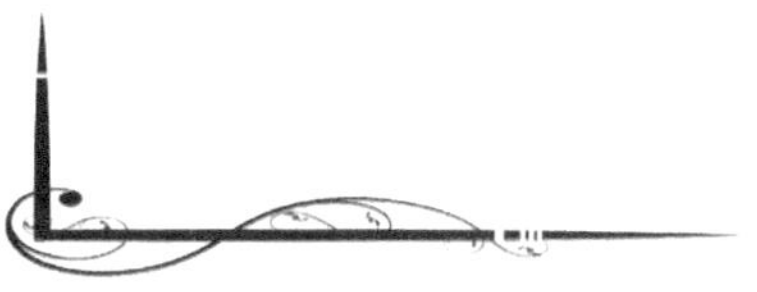

क्यों सोचा था कभी मैंने कि मेरे साथ तुम होगी,
क्यों पूँछा था कभी मैंने क्या मेरा साथ तुम दोगी।
अगर जाना है मुझको छोड़ के तो शौक से जा तू,
मगर रख याद ऐ ज़ालिम कोई फरियाद न होगी।